Planning Notebook for UX Designers

———————

Published by Character Designs

REQUIREMENTS	**RESEARCH**
BRAINSTORMING	**DESIGN / WIREFRAMES**

REQUIREMENTS	RESEARCH
BRAINSTORMING	**DESIGN / WIREFRAMES**

REQUIREMENTS	RESEARCH
BRAINSTORMING	**DESIGN / WIREFRAMES**

REQUIREMENTS	**RESEARCH**
BRAINSTORMING	**DESIGN / WIREFRAMES**

REQUIREMENTS	RESEARCH
BRAINSTORMING	**DESIGN / WIREFRAMES**

REQUIREMENTS	RESEARCH
BRAINSTORMING	DESIGN / WIREFRAMES

REQUIREMENTS	**RESEARCH**
BRAINSTORMING	**DESIGN / WIREFRAMES**

REQUIREMENTS	RESEARCH
BRAINSTORMING	**DESIGN / WIREFRAMES**

REQUIREMENTS	RESEARCH

BRAINSTORMING	DESIGN / WIREFRAMES

REQUIREMENTS	**RESEARCH**
BRAINSTORMING	**DESIGN / WIREFRAMES**

REQUIREMENTS	RESEARCH
BRAINSTORMING	**DESIGN / WIREFRAMES**

REQUIREMENTS	**RESEARCH**
BRAINSTORMING	**DESIGN / WIREFRAMES**

REQUIREMENTS	**RESEARCH**
BRAINSTORMING	**DESIGN / WIREFRAMES**

REQUIREMENTS

RESEARCH

BRAINSTORMING

DESIGN / WIREFRAMES

REQUIREMENTS	**RESEARCH**
BRAINSTORMING	**DESIGN / WIREFRAMES**

REQUIREMENTS	**RESEARCH**
BRAINSTORMING	**DESIGN / WIREFRAMES**

REQUIREMENTS	**RESEARCH**
BRAINSTORMING	**DESIGN / WIREFRAMES**

REQUIREMENTS	**RESEARCH**
BRAINSTORMING	**DESIGN / WIREFRAMES**

REQUIREMENTS	**RESEARCH**
BRAINSTORMING	**DESIGN / WIREFRAMES**

REQUIREMENTS	RESEARCH
BRAINSTORMING	**DESIGN / WIREFRAMES**

REQUIREMENTS	**RESEARCH**
BRAINSTORMING	**DESIGN / WIREFRAMES**

REQUIREMENTS	RESEARCH
BRAINSTORMING	**DESIGN / WIREFRAMES**

REQUIREMENTS	**RESEARCH**
BRAINSTORMING	**DESIGN / WIREFRAMES**

REQUIREMENTS	**RESEARCH**
BRAINSTORMING	**DESIGN / WIREFRAMES**

REQUIREMENTS	**RESEARCH**
BRAINSTORMING	**DESIGN / WIREFRAMES**

REQUIREMENTS	**RESEARCH**
BRAINSTORMING	**DESIGN / WIREFRAMES**

REQUIREMENTS	RESEARCH
	|ни
BRAINSTORMING	DESIGN / WIREFRAMES

REQUIREMENTS	**RESEARCH**
BRAINSTORMING	**DESIGN / WIREFRAMES**

REQUIREMENTS	**RESEARCH**
BRAINSTORMING	**DESIGN / WIREFRAMES**

REQUIREMENTS	RESEARCH
BRAINSTORMING	DESIGN / WIREFRAMES

REQUIREMENTS	**RESEARCH**
BRAINSTORMING	**DESIGN / WIREFRAMES**

REQUIREMENTS	**RESEARCH**
BRAINSTORMING	**DESIGN / WIREFRAMES**

REQUIREMENTS	**RESEARCH**
BRAINSTORMING	**DESIGN / WIREFRAMES**

REQUIREMENTS	RESEARCH
BRAINSTORMING	DESIGN / WIREFRAMES

REQUIREMENTS	**RESEARCH**
BRAINSTORMING	**DESIGN / WIREFRAMES**

REQUIREMENTS	**RESEARCH**
BRAINSTORMING	**DESIGN / WIREFRAMES**

REQUIREMENTS	**RESEARCH**
BRAINSTORMING	**DESIGN / WIREFRAMES**

REQUIREMENTS	**RESEARCH**
BRAINSTORMING	**DESIGN / WIREFRAMES**

REQUIREMENTS	RESEARCH
BRAINSTORMING	**DESIGN / WIREFRAMES**

REQUIREMENTS	RESEARCH

BRAINSTORMING	DESIGN / WIREFRAMES

REQUIREMENTS	RESEARCH
BRAINSTORMING	**DESIGN / WIREFRAMES**

REQUIREMENTS	RESEARCH
BRAINSTORMING	**DESIGN / WIREFRAMES**

REQUIREMENTS	RESEARCH
BRAINSTORMING	**DESIGN / WIREFRAMES**

REQUIREMENTS	RESEARCH
BRAINSTORMING	DESIGN / WIREFRAMES

REQUIREMENTS	**RESEARCH**
BRAINSTORMING	**DESIGN / WIREFRAMES**

REQUIREMENTS	RESEARCH
BRAINSTORMING	**DESIGN / WIREFRAMES**

REQUIREMENTS	RESEARCH
BRAINSTORMING	DESIGN / WIREFRAMES

REQUIREMENTS	RESEARCH
BRAINSTORMING	**DESIGN / WIREFRAMES**

REQUIREMENTS	**RESEARCH**
BRAINSTORMING	**DESIGN / WIREFRAMES**

REQUIREMENTS	RESEARCH
BRAINSTORMING	**DESIGN / WIREFRAMES**

REQUIREMENTS	**RESEARCH**
BRAINSTORMING	**DESIGN / WIREFRAMES**

REQUIREMENTS	**RESEARCH**
BRAINSTORMING	**DESIGN / WIREFRAMES**

REQUIREMENTS	**RESEARCH**
BRAINSTORMING	**DESIGN / WIREFRAMES**

REQUIREMENTS	**RESEARCH**
BRAINSTORMING	**DESIGN / WIREFRAMES**

REQUIREMENTS	**RESEARCH**
BRAINSTORMING	**DESIGN / WIREFRAMES**

REQUIREMENTS	RESEARCH
BRAINSTORMING	DESIGN / WIREFRAMES

REQUIREMENTS	**RESEARCH**
BRAINSTORMING	**DESIGN / WIREFRAMES**

REQUIREMENTS	**RESEARCH**
BRAINSTORMING	**DESIGN / WIREFRAMES**

REQUIREMENTS	**RESEARCH**
BRAINSTORMING	**DESIGN / WIREFRAMES**

REQUIREMENTS	RESEARCH
BRAINSTORMING	DESIGN / WIREFRAMES

REQUIREMENTS	**RESEARCH**
BRAINSTORMING	**DESIGN / WIREFRAMES**

REQUIREMENTS	**RESEARCH**
BRAINSTORMING	**DESIGN / WIREFRAMES**

REQUIREMENTS	RESEARCH
BRAINSTORMING	**DESIGN / WIREFRAMES**

REQUIREMENTS	RESEARCH
BRAINSTORMING	**DESIGN / WIREFRAMES**

REQUIREMENTS	**RESEARCH**
BRAINSTORMING	**DESIGN / WIREFRAMES**

REQUIREMENTS	**RESEARCH**
BRAINSTORMING	**DESIGN / WIREFRAMES**

REQUIREMENTS	RESEARCH
BRAINSTORMING	**DESIGN / WIREFRAMES**

REQUIREMENTS	**RESEARCH**
BRAINSTORMING	**DESIGN / WIREFRAMES**

REQUIREMENTS	**RESEARCH**
BRAINSTORMING	**DESIGN / WIREFRAMES**

REQUIREMENTS	RESEARCH
BRAINSTORMING	DESIGN / WIREFRAMES

REQUIREMENTS	**RESEARCH**
BRAINSTORMING	**DESIGN / WIREFRAMES**

REQUIREMENTS	RESEARCH
BRAINSTORMING	DESIGN / WIREFRAMES

REQUIREMENTS	**RESEARCH**
BRAINSTORMING	**DESIGN / WIREFRAMES**

REQUIREMENTS	RESEARCH
BRAINSTORMING	**DESIGN / WIREFRAMES**

REQUIREMENTS	RESEARCH
BRAINSTORMING	**DESIGN / WIREFRAMES**

REQUIREMENTS	**RESEARCH**
BRAINSTORMING	**DESIGN / WIREFRAMES**

REQUIREMENTS	**RESEARCH**
BRAINSTORMING	**DESIGN / WIREFRAMES**

REQUIREMENTS	**RESEARCH**
BRAINSTORMING	**DESIGN / WIREFRAMES**

REQUIREMENTS	**RESEARCH**
BRAINSTORMING	**DESIGN / WIREFRAMES**

REQUIREMENTS	RESEARCH
BRAINSTORMING	**DESIGN / WIREFRAMES**

REQUIREMENTS	**RESEARCH**
BRAINSTORMING	**DESIGN / WIREFRAMES**

REQUIREMENTS	RESEARCH
BRAINSTORMING	**DESIGN / WIREFRAMES**

REQUIREMENTS	**RESEARCH**
BRAINSTORMING	**DESIGN / WIREFRAMES**

REQUIREMENTS	**RESEARCH**
BRAINSTORMING	**DESIGN / WIREFRAMES**

REQUIREMENTS	**RESEARCH**
BRAINSTORMING	**DESIGN / WIREFRAMES**

REQUIREMENTS	**RESEARCH**
BRAINSTORMING	**DESIGN / WIREFRAMES**

REQUIREMENTS	**RESEARCH**
BRAINSTORMING	**DESIGN / WIREFRAMES**

REQUIREMENTS	**RESEARCH**
BRAINSTORMING	**DESIGN / WIREFRAMES**

REQUIREMENTS	**RESEARCH**
BRAINSTORMING	**DESIGN / WIREFRAMES**

REQUIREMENTS	**RESEARCH**
BRAINSTORMING	**DESIGN / WIREFRAMES**

REQUIREMENTS	RESEARCH
	|//
BRAINSTORMING	DESIGN / WIREFRAMES

REQUIREMENTS	**RESEARCH**
BRAINSTORMING	**DESIGN / WIREFRAMES**

REQUIREMENTS	RESEARCH
BRAINSTORMING	**DESIGN / WIREFRAMES**

REQUIREMENTS	RESEARCH
BRAINSTORMING	**DESIGN / WIREFRAMES**

REQUIREMENTS	RESEARCH
BRAINSTORMING	**DESIGN / WIREFRAMES**

REQUIREMENTS	RESEARCH
BRAINSTORMING	**DESIGN / WIREFRAMES**

REQUIREMENTS	RESEARCH
BRAINSTORMING	DESIGN / WIREFRAMES

REQUIREMENTS	**RESEARCH**
BRAINSTORMING	**DESIGN / WIREFRAMES**

REQUIREMENTS	RESEARCH
BRAINSTORMING	**DESIGN / WIREFRAMES**

REQUIREMENTS	**RESEARCH**
BRAINSTORMING	**DESIGN / WIREFRAMES**

REQUIREMENTS	**RESEARCH**
BRAINSTORMING	**DESIGN / WIREFRAMES**

REQUIREMENTS	RESEARCH
BRAINSTORMING	**DESIGN / WIREFRAMES**

REQUIREMENTS	**RESEARCH**
BRAINSTORMING	**DESIGN / WIREFRAMES**

REQUIREMENTS	RESEARCH
BRAINSTORMING	DESIGN / WIREFRAMES

REQUIREMENTS	RESEARCH
BRAINSTORMING	**DESIGN / WIREFRAMES**

REQUIREMENTS	RESEARCH
BRAINSTORMING	**DESIGN / WIREFRAMES**

REQUIREMENTS	**RESEARCH**
BRAINSTORMING	**DESIGN / WIREFRAMES**

REQUIREMENTS	**RESEARCH**
BRAINSTORMING	**DESIGN / WIREFRAMES**

REQUIREMENTS	**RESEARCH**
BRAINSTORMING	**DESIGN / WIREFRAMES**

REQUIREMENTS	**RESEARCH**
BRAINSTORMING	**DESIGN / WIREFRAMES**

REQUIREMENTS	RESEARCH
BRAINSTORMING	**DESIGN / WIREFRAMES**

REQUIREMENTS	RESEARCH
BRAINSTORMING	DESIGN / WIREFRAMES

REQUIREMENTS	**RESEARCH**
BRAINSTORMING	**DESIGN / WIREFRAMES**

REQUIREMENTS	**RESEARCH**
BRAINSTORMING	**DESIGN / WIREFRAMES**

REQUIREMENTS	RESEARCH
BRAINSTORMING	**DESIGN / WIREFRAMES**

REQUIREMENTS	**RESEARCH**
BRAINSTORMING	**DESIGN / WIREFRAMES**

REQUIREMENTS	**RESEARCH**
BRAINSTORMING	**DESIGN / WIREFRAMES**

REQUIREMENTS	**RESEARCH**
BRAINSTORMING	**DESIGN / WIREFRAMES**

Manufactured by Amazon.ca
Bolton, ON